내 안의 삶

창작동네 시인선 187

내 안의 삶

인　쇄 : 초판인쇄 2024년 11월 05일
지은이 : 오지숙
펴낸이 : 윤기영
편집장 : 정설연
펴낸곳 : 노트북 출판사_ 등록 : 제 305-2012-000048호
본　사 : 서울시 동대문구 사가정로 256-4호 나동B101
전　화 : 070-8887-8233 팩시밀리 02-844-5756 HP : 010-8263-8233
이메일 : hdpoem55@hanmail.net
판　형 : 신한국판형 P128 130-210

2024. 11_내 안의 삶_오지숙 제1집

정 가 : 10,000원

ISBN : 979-11-88856-89-3-03810

*저자와의 협의로 인지는 생략합니다.
*잘못된 책은 교환해 드립니다.

내 안의 삶

AI 내 안의 삶_대표곡 詩노래 발표_QR 핸드폰 스캔으로 감상하기

목 차

1부. 따스한 미풍

010...내 안의 삶
011...엄마 생각
012...전화기
013...따스한 미풍
014...붉게 타는 노을
015...찢어진 운동화
016...철없는 열 살
018...엄마의 쌈짓돈
020...후에
021...초가을
022...그리운 고향
023...익어가는 인생길
024...인생 여행
025...부모님께
026...사랑
027...나목의 변신
028...설명절
030...스치긴 자리
031...삶의 여정
032...인생
033...봄바람
034...인생사
035...그곳에는
036...빈손
037...노을
038...그리운 어머니

2부. 그리운 사람

042...그리운 사람
043...산천초목
044...가는 대로 놔줘라
045...봄의 소리
046...변하지 마라
047...무슨 탐욕이 그리 많은가
048...들꽃
049...떠난 임 계신 곳
050...내 생각
052...망각
053...주소 없는 엽서
054...노력
055...숨어서 핀 꽃
056...용기
057...철없는 유년 시절
058...내 인생 황혼
059...선택된 인생
060...메아리가 사는 곳
061...가을의 아버지
062...봉숭아꽃
063...멈춤
064...꽃잎
065...아침 이슬
066...끊어진 길
067...운명의 그 날
068...추억의 아차산
069...여름밤

070...봄이 보입니다
071...그 자리

3부. 삶의 욕심

074...보이지 않는 너
075...삶의 욕심
076...설명절 가래떡
078...구름 같은 생
079...남 탓하지 말자
080...모두 나의 길
081...봄
082...운명과 동행자
083...우리의 노년
084...삶
085...오늘과 내일
086...생각난다
087...사람 가면 놀이
088...생각
090...보고 싶은 사람아
091...청국장
092...나의 마음
093...사람의 속내
094...그 시절 남산
095...숭고한 남산
096...이별과 사랑
097...사라진다
098...무지갯빛 사랑
099...짧든 길든

100...임 생각에
101...삶과 생

4부. 임아

104...임아
105...천진난만
106...감자
108...막걸리
110...친구의 손
111...잡초
112...내려놓는 마음
113...추억의 꽃
114...사필귀정
115...수취인 없는 엽서
116...노년에 삶
117...그날
118...삶의 소중함
119...철없는 열 살
120...친구
121...인생 여행
122...종이배
123...이 마음
124...사람
125...한세상
126...엉겅퀴 꽃
127...가슴에 담지 말아요

1부. 따스한 미풍

나도 북풍이 지나가길
바라며 널 기다리고 있단다

　　　　　따스한 미풍 중

내 안의 삶

AI 노래

내 생의 여울목에서 차오른 여정
나의 삶에 뜨거운 눈물과
얼음물을 택하라 한다면
난 서슴없이 차가운 얼음물을
택할 것입니다

얼음물은 녹일 수 있지만
뜨거운 눈물은 달랠 수 없는
고통이란 걸 아니까요
그 고통은 많은 시간을 요구하는
인내의 시간이니까요

조금씩 세월에 버무려
한 음큼씩 삼커치입 버리며
수 없는 생각과 상념이
내 사연 속 심연을 유희하며
오기로 풀어 삭혀 냅니다

엄마 생각

AI 노래

눈물 나는 날이면
내가 힘들고 지칠 때
엄마 생각이 많이 납니다

팔 남매 키우시며
편히 쉬지 못하시고
밭으로, 논으로 다니시며
일만 하신 엄마는
한여름 뜨거운 땡볕 몸으로
다 받아들이셨다

낮과 밤을 가리지 않고
자식들 걱정에 한 몸 불사르시고
열심히 사신 우리 엄마

저도 이제 엄마의 나이가 되고 보니
엄마 생각에 자꾸만 눈물이 납니다
그리운 엄마 보고 싶습니다
당신을 사랑합니다

오지숙

전화기

주인 없는 전화기 꺼져 있지만
가끔 켜 충전한다

수년간 벨 소리 없는 전화기
뽀얀 먼지만이 쌓여 잠들고 있지만
가끔 켜 그 목소리 들어보네

애절하게 부르는 노랫소리
라노비아 그때나 지금이나
목소리는 똑같건만
보이는 것은 오랜 세월 잠자고 있는
전화기뿐이다

가는 걸음 무겁고 미안했나
보이지 않는 노랫소리만
선물로 남기고 갔나 보다

따스한 미풍

따스한 미풍아 어서 오렴
세상 모든 만물이
너를 기다린다

나도 북풍이 지나가길
바라며 널 기다리고 있단다

봄꽃도 너의 사랑으로 피고
너의 바람 따라 살랑살랑
꽃대 흔들며 춤을 추지

칼바람 폭풍 한설이 가고
봄과 함께 오는 미풍
너만 기다리고 있지

사랑해 미풍아
너는 좋은 봄과 함께 와주잖아

오지숙

붉게 타는 노을

노을이 질 무렵에
더욱더
붉게 타는 것은

하루를
아름답게
보냈기 때문에

더욱더
화려하게
태우며
지는 것이다

찢어진 운동화

비 오는 날 찢어진 운동화 신고
빗물에 젖어 질질 끌고 오던 날
사랑채에 앉아 계시던 아버지

아니 운동화가 다 낡았구나 하시며
돌아오는 장날 맹꽁이 운동화 사주신다더니

수 없는 장날은 지나갔건만
아버지에 모습은 보이지 않네
그리워지고 보고 싶은 우리 아버지
지금은 별님과 달님과 친구 되어
날 바라만 보시네

난 복도 끝에서 연필 깎는 칼로
운동화를 조금 더 찢었군요

오지숙

철없는 열 살
-3학년-

아침마다 계란 한 개씩
손에 쥐고 학교 간다

주 셋 네 개 주신다
장날 이틀 전에는 안 주시고

내일이 장날이기에
오늘은 계란 안 주시네

엄마 달걀 하나 줘요
대문 밖에서
소리를 지르면 들들 볶는다

어서 가 내일 장날이잖이
마루 밑에 헌 운동화 한짝
여지없이 나한테 던지신다
뜀박질로 갔다 다시 오고

결국은 눈물 바람으로
학교에 간다

가을 벼를 벨 때 우리 집
옆 논에서는 운동화 수북이 나오네
우리 엄마 나한테 던지신
헌 운동화

엄마 숯 골인 못했지롱
약 올리며 들들 볶았던
말썽꾸러기 막내딸이
엄마 보고 싶습니다

오지숙

엄마의 쌈짓돈

냉장고 청소하다가
엄마 생각이 납니다
출산 후 한 달 만에
집으로 와 몸조리하고 있던 날
엄마가 오셨다

그날 엄마는 쌈짓돈
십오만 원을 나에게 주신다
난 그 돈을 받을 수 없었다

엄마가 고령이신데
자식들이 준 용돈
아끼면서 당신은 쓰지도 않고
모은 돈이란 걸 잘 알고 있는 난
엄마 넣어 두시고
만난 것도 사드세요

그 후 어느 날
냉장고 청소하는데
비닐봉지가 냉동실에 있었다

꽁꽁 신문에 싸
비닐봉지에 담아
냉동실에 넣고 가신 우리 엄마
지금도 후회되다
엄마의 마음을 미처 헤아리지 못하고
사양만 했다

날 주려고 아끼고 모은
귀한 그 돈을 배려한답시고 안 받았다

엄마가 얼마나 속상했을까
받고 더 많이 드렸으면 될 일인데
두고두고 가슴에 남아 있네

지금 생각만 하여도 가슴이
미어져 눈물이 난다

오지숙

후에

살아 보니 알겠더이다
살아 보니 허망하더이다

인생 여행 중 좋은
날만 있는 것도 아니고
나쁜 날만 있는 것도
아닌 생인데

우리 남은 생은
하루를 한 달처럼
아끼고 살아요

마음속 근심 욕심
무거운 짐 내려놓고
용기 있게 살아요

망설임 없이 과감하게 살아요
누구의 삶도 생도 다 소중하니까요

우리 모두 희망의
아침을 열고 건강하고
행복하게 살아요

초가을

앞뒤 산과 들에
가을이 익어가고 있어요

길섶 코스모스 들국화
가을을 한 움큼 쥐고

맑고 높은 하늘에는
뜬구름 뭉게구름
아름답게 피어나
둥실 두둥실 수놓고
가을을 알리네

가을은 익어가고
여름은 이렇게 또
떠나가는구나

오지숙

그리운 고향

눈 감으면 아련히 떠오르는
나의 고향이 그립다

아침 햇살이 비치면
대문 밖 넓은 들판을 보며
논둑에 쑥이 탐스럽게 돋아나
아낙네 손에 한 움큼씩 쥐어준다

해 질 녘 마당 한 편에서
두리번거리시며 어디쯤 오나
날 기다리시던 엄마 생각이 나는
그리운 나의 고향

늘 사랑채 마루에 앉자
담배 입에 무시고 눈으로
웃으시며 어서 오너라
하시던 울 아버지

그런 고향 집에는 지금
아무도 살고 있지는 않지만
그곳이 가끔 생각난다
정겹고 그리운 나의 고향이

익어가는 인생길

하루해가 저무는 붉은 노을
아쉬운 듯 지느냐
삶도 그러하듯이
지나간 시간이 늘 아쉽다

언제 여기까지 왔는지
어느 사이 이렇게
많은 시간이 지나갔는지

돌아보니 노을빛을 닮은
익어가는 인생길이 되었네

오지숙

인생 여행

좋은 한 사람 만나
사랑의 소풍 길로 떠난다

둘이서 마주 보며 한세상
알콩달콩 살자고
깊은 인연 맺었지

내일도 모르면서
설렘으로 떠난 인생길
많이 행복하지 않았던가

이제 남은 인생 여행은
예쁜 보물들 보듬고
알콩달콩 한세상
행복하게 살다 가리다

부모님께

아버지 어머니
두 분 고맙습니다

말로 하라면
다 할 수 없습니다

어떤 말로 고마움과
그리움을 표현할 수 있을까요

이미 효도 뉘우침도
소용없으니

지금은 이 말 밖에
생각이 안 납니다

보고 싶습니다
또 보고 싶습니다

오지숙

사랑

그리움만 준 사랑
애틋한 마음으로
많이도 힘든 사랑이었네

그러나 뒤돌아보니
그 길에는 행복도
사랑도 있었네

그 사람이 내게
말 없는 사랑이
더 많았다는 것을
늦게서야 알았네

나목의 변신

조그마한 싸리 눈이
밤새도록 나목에 옷 입히고
하얀 산을 만들었네

나목 가지마다
얼음꽃으로 치장하고
아침 햇살에 비친다

발가벗은 나목은
싸리 눈과 함께
밤새도록 단장하고
멋진 모습으로 산을 지키네

오지숙

설명절

어머니가 곱게 만들어 주신
꽃 버선 한 켤레
가슴에 안고 잠을 잔다

이때쯤이면 아버지 소 마차에
쌀 한 가마 싣고
서정리 장으로 가신다

자식들 설명절에
한 벌씩 사주기 위해서다
철없는 난 아버지께 주문이 많다

분홍색 샌들, 꽃고무신
운동화 알사탕 등등
장날 순댓국 한 그릇
못 드시고 해 질 녘 오신다

아버지께 운동화는 왜
안 사 왔느냐고 투정을 부렸다
순댓국 한 그릇도 돈 아까워 못 사드시고
오신 우리 아버지에게

그때는 내가 어려 순댓국
한 그릇 셈하지 못하고 투정만 부렸지
많이 보고 싶습니다

오지숙

스쳐간 자리

그대 떠난 자리에는
사랑도 그리움도
낙엽처럼 쌓여있네

인연이란 끝이 있기에
그리움만 남기고
그대는 떠나갔지만

아침 이슬에 젖듯이
흐르는 눈물 감출 길 없어
뒤돌아서서

잊어야 하는 오늘이
수월할 수 있도록
마음을 다독여 본다

삶의 여정

삶의 여정에서
나를 뒤돌아본다

많은 슬픔과
많은 고통으로
힘든 삶 속에서
참 잘 견디며 살아왔다

지금은 많이 행복하다

이제는
예쁘게 물드는 단풍처럼
파란 하늘 흰 구름처럼
편안한 마음으로
살다가 가고파라

오지숙

인생

인생은 흘러가는
구름 같은 것
돌아보니 황혼이라 말하네

아직은 아니라고
지금은 아니라고
부정하고 도리질 치지만

이미 산 세월이 많은 것을
지금도 흘러가고 있는데
어찌하리오

마음으로만
아직도 청춘이라 하네
이미 청춘은 구름처럼
흘러갔는데

봄바람

사랑도 해보고
이별도 해봤다
슬픔도 알고
외로움도 안다

그러나 못 견디는 것은
그리움이다
참 세월 많이 지나갔는데
아직도 그립다

내 마음도 내 마음대로 안 된다

누구의 탓도 아닌데
참 그립다
이 봄 가기 전에
모든 것 잊으리다

마음에 맺힌 응어리
봄바람에 날려 보내리다

오지숙

인생사

인생 별것 없습니다
살아 있으니 감사하고
걷고 볼 수 있으니
그 또한 행복입니다

살면서 마음만은 늘
여유를 가져야 하겠습니다

조급하게 마음먹고
발 동동 굴러도
때가 되어야만 자연스럽게
자기에 몫이 오는 것 같습니다

저 높은 산 언덕에
자리 잡고 있는
우직한 바위처럼
변함없는 인생을 다독이며
살아가야겠습니다

그곳에는

그곳에는 남아 있을까
맑은 계곡물이 흐르고
기암절벽에는 새들의
보금사리도 있다

예전에 두고 온 애틋한 사랑도
따듯한 속삭임도 남기고 온 곳이다

다정한 우리의 이야기도
돌 틈 사이에
꼭꼭 감춰 놓고 언약한 곳

먼 훗날 우리의 헤어짐이 온다면 말이다
너와 내가 보고 싶은 날이 오면
여길 한 번씩 오자
그런 언약도 그런 다짐도
우리가 한 곳

아직도 뜨거운 속삭임이 있을까
아직도 애틋한 사랑이 있을까
아직도 돌 틈 사이에 남아 있을까

오지숙

빈손

인생은 빛과 어둠이
함께 공존한다

빈손으로 왔다
빈손으로 가는걸
무슨 욕심이 그리도 많은지

길가에 잡풀도 순리에 따라
피고 지고 잘도 사는데
인생을 너무 많은 욕심으로
자신을 괴롭히지 말자

생은 절대 길지도 않은 것을
뒤돌아보는 순간 육십이오
잠깐 쉬려 하니 칠십이와 있는 것을

큰 그릇에 욕심 담으려 하지 말고
작은 그릇에 행복 담아
매일 웃음 짓는 그런 날로 살아가요

노을

홍갈색 노을빛을 바라보며
그대 생각을 합니다

이미 떠나간 사람인데
생각대로 안 되는 것이
사람의 마음입니다

저 붉게 지는 홍갈색
노을빛을 바라보며
그대 생각에 잠기네

그 옛날 그때처럼 살고 싶다고
홍갈색 노을빛에 그리운 그대
얼굴을 그려 봅니다

오지숙

그리운 어머니

　우리 엄마는 평택 촌부이셨다. 유난히 그 시절은 식구가 많았던 시절, 우리 집도 8남매를 두어서 늘 자식의 학비와 먹거리 걱정으로 엄마는 일평생을 사셨다.

　새벽 먼동이 트기 무섭게 일어나 호미와 비료를 광주리에 담아 밭으로 가시고 집으로 돌아오실 때는 오이, 가지, 호박 등을 한가득 머리에 이고 오셨다. 아버지는 일제강점기 때 징용 군으로 끌려가셔서 해소병을 얻고 돌아오셨다고 들었다.

　우리 집은 논농사가 많은 대농가여서 엄마는 일을 많이 하셨다. 참 부지런한 어머니는 그 세월 어떻게 사셨는지, 아침이면 줄줄이 손 벌리는 자식들에게 당신은 쓰지도 못한 쌈짓돈 속 고쟁이 주머니에서 꺼내주시기에 이미니 고쟁이 주머니는 어린 마음에 "돈 나와라 뚝딱" 하면 도깨비 주머니처럼 나오는 줄만 알았다.

　운동회날만 되면 시골에서는 마을마다 큰 행사 날이어서 젊은 엄마들은 월남치마에 머리 파마하고 있는 멋, 없는 멋을 부릴 대로 부리며 오시지만 엄마는 쪽 진머리에 비녀 꽂고 모시 한복에 하얀 고무신 신고 광주리에 찰밥과 온갖 반찬, 그리고 아끼고 아낀 계란을 삶아오셨다. 유난히 달리기를 잘하는 나는 오전에 상을 탄 공책과 연필을 엄마에게 자랑하며 손을 내밀었더니 삼 환을 주셨다. 일 환에 노랑 빨강 분홍 쥬스를 사가지고 양손에 쥐고 엄마 또 공책 탈 수 있어 릴레이 달리기 남아서. 역시 우리 막내딸 뜀박질 하나는 최고여! 하시며 오 환을 또 꺼내 주시며 아이스케키 실컷 사 먹으라고 주시며 집에서는 이제 고무신, 기름병 주고 케키 사 먹지 마라 하시며 빙그레 웃으셨다.

 나는 사실 아버지 고무신, 참기름 병 등을 아이스케키와 바꿔 먹은 적이 많았다. 우리 엄마는 무명옷에 쪽 찐 머리 비녀를 꽂아 할머니 같은 엄마지만 누가 뭐라 해도 내게는 최고의 엄마시다. 집에서 나는 막내라서 귀여움을 많이 받고 자랐지만 장난꾸러기, 말썽꾸러기로 엄마 속도 많이 태웠다.

 어느 여름밤 오학년 담임 선생님 복숭아 과수원에서 아이들과 복숭아 서리했다. 복숭아를 따서 메리야스에 담아 개울가에서 먹고 집에 들어와 밤새 복숭아털 알레르기 때문에 고생을 하고 결국 엄마는 복숭아 서리한 것을 아시고 아침 일찍 쌀 두 됫박을 가지고 선생님께 사과하고 오셨다.

그런 엄마가 이 세상을 떠나가실 때는 나는 외국에 있어서 보지 못했다. 엄마가 저에게 주고 가신 금반지, 호박 반지, 목걸이... "이것은 막내 주어라"라고 유언을 남기셨다고 한다. 늦게 낳은 자식이라서 눈을 감으면서도 눈에 밟혔나 보다.
 마지막 떠나시면서도 마음까지 주고 가신 어머니가 많이 그립고 보고 싶습니다.

오지숙

2부. 그리운 사람

강가에 잊아 홍갈색
노을빛에 그리운 마음 보내네

그리운 사람 중

그리운 사람

보고 싶은 사람아
그대의 모습이 맴도는 날이면

강가에서 나는 새처럼
훨훨 날아가 보고 싶지만

자꾸만 멀어져 가는 야속한 사람
왜 밉지 않고 보고 싶은 것인지

강가에 앉아 홍갈색
노을빛에 그리운 마음 보내네

그대가 보고 싶은 날이면

산천초목

산천초목에
묻고 또 물어본다

초목이 무언에 답하네

세상에서 가장 소중한 것은
바로 너 자신이라고

오지숙

가는 대로 놔줘라

떠난 사람 마음에
담지 말고 잊어버려요

흘러가는 구름도
밤하늘에 빛나는 별들도
내 것이 아니면
보고 즐기고
마음에 담지 말아요

내일이면 또 다른
구름이 어여쁘게
수놓을 것이고
별들도 더욱 빛날 것인데
애달파 하지 말고
그립다 하지 마세요

가슴에 담아 두면
아프고 힘드니
나쁜 기억들은
다 버리고 지워요

봄의 소리

날 부르는 소리가
귓전을 휘몰아친다

창문 밖 해님이
날 부르고
도랑길 벚꽃도
날 부르네

불암산 진달래
내 모습 지기 전에 오라하고

봄에 전령사들이
한꺼번에 다 피었구나

오지숙

변하지 마라

산등성이에서
내려다보니 보이네

아무리 곱고 고운 꽃도
바람이 심술을 부리니
한 잎 두 잎 떨어져
시드니 잡풀로 보이고

화려한 날갯짓하던
벌과 나비도 때가 되면
온 길로 가듯이

사람도 마찬가지다
변하면 속물로 보이고

인생사 거기서 거기인 것
변하지 말고 주어진 삶에
감사히 살자

오늘이 가면 내일은
또 한 페지에 책장 넘기듯이
넘어갈 인생사

무슨 탐욕이 그리 많은가

내일 생각하면
바로 오늘이 지난
추억에 날이 될 것인데

오늘을 잘 살아야
추억도 아름답게
남을 것 같습니다

오지숙

들꽃

시린 바람에도
폭풍 한설에도

묵묵히 잘살고 있는
애달픈 들꽃
누가 본들 안 본들
투정 없이 피었네

계절에 수긍하며
피어난 들꽃 아름답구나

자세히 들여다보니
사랑받고 핀 꽃보다도
네가 더 예쁜걸

수줍은 꽃술에는
어쩜 그리 향도
많이 담았느냐

오늘은 너의 향 내음에
취해 보련다

떠난 임 계신 곳

그리움 하나 꿀꺽
슬픔 하나 꿀꺽
삼키고 있노라니

울려 퍼진다
나도 외롭고 슬플 때 있다고
산이 울고 있네

바람이 속삭인다
보아라 저 큰 산도
가끔은 외롭고 슬퍼서 운단다

세상 외롭지 않은 자
어디 있겠느냐
슬프고 힘들지 않은 자
어디에 있겠느냐

바람이 나도 가끔은 외롭고
슬퍼서 회오리바람으로 날린다고 하네

산도 울고 나도 울고
바람도 운다
이 또한 지나가리라

오지숙

내 생각

어떠한 일도
자만하지 말자

어떠한 길도
모르고 걷지 말자
때론 돌릴 수 없는
실수도 있다

어떠한 일도
망각하지 말자
실패가 또 올 수 있으니
담는다고 다 담아지는 것은 아니다
버릴 것은 버리자

보아야 본 것이지만
때론 보여도 못 본 척
참는 것도 미덕이다

지워 버린다고
다 지워지는 것도 아니고
잊어버린다고
다 잊혀지는 것도 아니다

버리고 버렸도
남는 것은 남는다

뜻대로 다 된다고 생각하지 마라
그 뜻대로 가 가끔은 후회로 남을 때 있다

나만 생각하지 말자
남도 있어야
나도 있는 것

남을 아프게 하지 말자
배려를 더 많이 하고 살자

오지숙

망각

인연도 필연도 아닌 것에
매달리지 말자

시간이 지나면
생채기도 아물 것이고
기억에서도 사라질 뿐

살면서 기억 속에
담을 일이 얼마나 많은가 말이다

물은 우연이 흐르는 것이 아니다
고이면 썩으니 흐르는 것

굳이 담지 말아야 할
기억을 무엇하려 담느냐

주소 없는 엽서

소양강 강물은
물결조차 숨 죽은 듯
고요히 흐르고
진진히 흐르는 강물에
엽서 한 장 띄워 보내네
보고파서 보고 싶어
여기에 왔노라고
옛 추억 되새김질하며
그대에게 그리운 마음
띄워 보내오
나 여기 왔노라고
주소 없는 그대에게

오지숙

노력

힘들지 않고
노력 없이는
아무것도 이룰 수 없다

높은 산도 올라가야만
시원한 바람을 만날 수 있고
개울 물도 흘러가야만
깨끗하다

숨어서 핀 들꽃도
향이 없으면 누가 알겠는지요
자기에 노력이 있어야만
모든 것이 이룰 수 있으리라
생각합니다

숨어서 핀 꽃

잡초 속에서 피어난 들꽃
무엇이 부끄럽다고
숨어서 피었나

분명 너는 청순한 아가씨 꽃인 거야
몰래 숨어서 수줍은 모습에
볼그레한 얼굴에 향 또한 좋구나

그래 사랑받고 핀 꽃보다
수줍은 모습으로 살짝
얼굴 내민 네가 더 예쁘다
향도 좋으니, 네가 더 멋지다

오지숙

용기

삶에 교만하지 말고
남들보다 뒤처졌다고
후회도 걱정도 하지 마세요

봄에 화려하게 피는
꽃들도 삭풍을 견디며
긴 기다림 속에 피어나듯이

우리네 인생사도 끝없는
노력과 다가올 내일을 위하여
용기를 내며

기억 속에 남아 있는 좋은 추억
하나씩 꺼내 하루를
웃음꽃으로 보내고
멋진 내일을 기대하며
살아가요

철없는 유년 시절

뜨거운 여름날
변함없이 들린다
아이스케키 사 달라는 겁 없는 계집아이
일주일 전 고무신, 케키 사 먹고 혼난 날을
까마득히 잊어버리고 뒤란 한 바퀴 도네

아무리 찾아봐도 케키를 바꿔어 먹을만한 것을
못 찾고 부엌으로 향한다
참 기름병 눈에 띄어
망설임 없이 하수도에 버리고
양잿물로 씻고 쌀뜨물로 헹구어
케키장사에게 주고
달랑 케기하나 받아 쪽쪽 빨아먹던 꿀맛은

그렇게 혼나면서까지 먹고 싶었던 아이스케키
그런 나의 유년 시절은 이제 기억 속에만 남아
가끔 생각납니다

오지숙

내 인생 황혼

인생은 참빠르다
잡고 싶어도 멈추고 싶어도
내 의지대로 나의 힘으로는 할 수 없고
막을 수 없는 것이 흘러가는 세월이구나

엊그제 같던 청춘은
슬금슬금 소리 없이 떠나가 버렸고
어느덧 고령이 되어
기계같이 노화되어 여기저기
고칠 곳이 많이도 있구나

산을 바라보면서 마음은
올라갈 수 있다 하고
몸은 못 가다고 한다

몸과 마음은 하나인데
마음하고 몸하고 따로따로 노니
어쩌겠나 안타까운 세월은
자꾸만 자꾸만
날 데리고 흘러만 가네

선택된 인생

내가 선택해서 온 생은 아니다
부모님이 날 선택하여 태어난 인생 아닌가
이왕 온 생이니 어떠한 일이 일어나도
너무 많은 생각하지 말자
살다 보니 힘들고 괴로운 날들도 있지만
그 또한 지나가더라

지위가 있는 사람은 더 높은 것에
욕심을 내고 만다
많은 재물을 가진 자는
더 많은 재물에 욕심을 내지만
모든 것은 다 지나가는 바람 같은 인생길이다
내가 살아 있을 때 행복해야만 된다

살아 보니 알겠더라 욕심도 탐욕도
하나의 바람이 같은 것
삶에 있어 다 채우고 가지려 하지 말라
조금만 내려놓으면
마음이 편하고 행복하지 않은가 말이다

오지숙

메아리가 사는 곳

깊고 깊은
산 메아리가 사는 곳에는
맑은 공기와 푸른 숲이 있다

고운 풀꽃과 눈 맞춤도 하고
말간 하늘에 두둥실 흘러가는
멋진 구름도 감상한다

사랑하는 사람아
메아리가 사는 곳에서
우리도 자연처럼 사랑하며 살아요

욕심 없는 자연과 같이
그렇게 사랑하며 살아요

가을의 아버지

계절은 다투며 또 바뀌고
먼저 온 여름은 자리를 내준다

벼 이삭이 누런색으로 익어가면
아버지 논에서 벼 이삭 하나 뽑아
한 알 두 알 세어 보신다

올해는 대풍년이로구나
벼멸구 병이 안 와서
농사가 잘되었구나 좋아하시던
우리 아버지 많이 보고 싶습니다
그때 그 모습이 그립습니다

가을이 오니 유년 시절
아버지 생각이 나네요

오지숙

봉숭아꽃

울 밑에 피어난 봉숭아꽃
곱게 곱게 손톱에 물들어 주었지

밤새 봉숭아꽃 손톱에
칭칭 감아 놓고 아침 먼동이 트기 무섭게
자리에서 일어나 빨간 손톱을 보며
엄마 봉숭아 물 잘 들었어요
좋다고 하며 등굣길 나섰는데

참 세월 많이도 지나갔네
어느 사이 나도 엄마가 되었으니 말이다

멈춤

덧없이 찾아갔지만
바람만이 스치네
이제 그 발길 멈추리다

숨 막힐 때
이 모퉁이
저 모퉁이 기대
많이도 힘들었지

끝이 보이지 않던 길도
내가 멈추니
뒤돌아 올 수 있구나

오지숙

꽃잎

실바람에도 꽃잎은
눈송이처럼 휘날리고

어여쁜 꽃잎으로
길은 도색 되었구나

그 꽃길 위로 걷는 난
꽃 각시 되어
나비처럼 나네

아침 이슬

숲속에 맑고 눈 시린
아침 이슬방울

빛나는 밤하늘
별을 닮았구나

초롱초롱 방울이
아롱다롱 모여
하나에 신비로운

작품을 밤새워
많이도 만들었네

맑고 깨끗한 아침
이슬방울 보고 또 보았다
신비롭기만 하구나

오지숙

끊어진 길

걷다가 끊어진 길에도
희망은 보이네

끊어진 길을 만났다고
좌절하지 마세요

끊어진 길 아래
징검다리가 있으니

어떠한 고난 앞에서도
포기하지 말고 살아요

길은 찾으면 되니까요

운명의 그 날

그대의 애틋한 그 말이
자꾸만 생각납니다

나, 이 세상 잘 태어난 것 같아
곱고 고운 마음으로
날 보듬어준 당신이
아주 고맙고 고마워

나, 당신 없으면 어떻게
살 수 있었을까
이제 남은 시간은 짧은데
그 말이 너무 아파
그 말이 곱고 애절해
가슴에 담고
나, 여기까지 왔는데

그 애틋한 그 말이
왜 이리 아픔으로 남아 있는지
돌아보아도 아무것도
남은 것은 없고 애틋한 그리움만이
가슴에 남아 있구나

오지숙

추억의 아차산

사랑을 심었던 아차산
아카시아 꽃내음 가득한
별빛 쏟아지고 반쯤 되는 달님
어둠을 밝히네

꽃 내음에 두 손 잡고
행복에 언약도 하고 걷던 아차산 길

약수 한 모금 보약처럼 마시고
마주 보는 얼굴에 미소 지으며
길가 지켜주는 가로등
곱게 보이던 그날이 다시 올 수 없을까

부풀어 오른 풍선으로 걷던 길
빛바랜 흑백 영상 추억이
곳곳에 서려 남기고 간 사랑
환상의 모습으로 반기고 있네

여름밤

앞마당 멍석 펴놓고
모깃불 속에 엄마가
감자를 구워 주신다

감자 익을 동안
호박꽃 하나 따서
옥수숫대에 매달린 반딧불
여러 마리 잡아

호박꽃 속에 담아
호롱불이라 들고 좋아라
깔깔 웃던 유년 시절은 어디로 가고
찜통 속 견디기 위해
에어컨 바람에 그 시절 생각을 한다

구운 감자 먹을 때
엄마는 연실 우리에게 부채질하신다

당신의 팔은 얼마나 아팠을까
날씨는 습하고 온도가 올라가 에어컨 틀지만
엄마의 손부채 바람이 더 시원했었다
엄마 생각이 많이 나는 여름밤이다

오지숙

봄이 보입니다

봄이 살짝 보입니다
가는 겨울은 아쉬운 듯
연일 매서운 칼바람으로
대지를 꽁꽁 얼리고
그러거나 말거나
봄은 꽃봉오리 키우며
겨울아, 잘 가라 하네
아무리 칼바람으로
발악해도 갈 계절은 가고
올 계절은 오는 것
모진 눈바람 온몸으로
견디며 봄을 기다리던
목련꽃 봉오리 조금씩 보이는군요
이렇게 봄은 우리에게
다가오고 있어요

그 자리

보고 싶다고
말하지 않으리다
그립다고 말하지
않으리다

이미 떠나버린
사랑이지만
이미 돌아선
마음이지만

잊는다고 잊어지는 것도 안인데
나처럼 가끔 생각날 때 있으면

먼 훗날 그대가
날 보고 싶어지는 날이 오면
이 자리를 다시 찾아올 줄 모르니
흔적 남기고 가렵니다

고운 미소 모래사장에
남기고 가렵니다

오지숙

3부. 삶의 욕심

길가에 잡풀도 순리에 따라
피고 지고 잘도 사는데
인생을 너무 많은 욕심으로
자신을 괴롭히지 말자

　　　　　　　삶의 욕심 중

보이지 않는 너

보이지도 잡히지도
않는 모습으로
여행하며 세상을 본다

스치고 지나가니
일손 놓고 흘린 땀
닦으며 시원하구나
잠시 쉬는 농부에
미소도 볼 수 있고

햇빛에 고개 숙이고
있던 잡풀도 서로
휘어잡고 흔들흔들
춤추며 좋아도 힌다

난 천리 길도
돌아다녀도 보이지도
잡히지도 않는 것
사람들은 내 이름을
바람이라고 부른다

삶의 욕심

인생은 빛과 어둠이
함께 공존한다

빈손으로 왔나
빈손으로 가는 걸
무슨 욕심이 그리도 많은지

길가에 잡풀도 순리에 따라
피고 지고 잘도 사는데
인생을 너무 많은 욕심으로
자신을 괴롭히지 말자

생은 절대 길지도 않은 것을
뒤돌아보는 순간 육십이오
잠깐 쉬려 하니 칠십이와 있는 것을

큰 그릇에 욕심 담으려 하지 말고
작은 그릇에 행복 담아
매일 웃음 짓는 그런 날로 살아가요

오지숙

설명절 가래떡

설 지나 며칠 있으면
엿장수 아저씨 오신다

가위 소리 요란하다
와르르 아이들 몰린다
만화책 때문이다

고무신 삼학표 소주병
아이들은 집에서
가지고 올 수 있는 것은
다 가지고 나와
만화책을 빌린다

아버지는 윗마을에서
윷놀이 하시고
엄마는 송탄 작은 집 가셨다

집안 한 밖 귀 돌아도
엿장수 줄 만한 물건이 없네

큰일났다 어쩌나
이현세 순정만화

빌려 봐야 하는데
다른 아이들이 먼저
빌려 가면 어쩌나
콩닥콩닥 가슴이 뛴다

에라 모르겠다
광에 들어가 가래떡 세 가락
들고 나간다

엿장수 아저씨 얼씨구나
좋아하신다
얼른 만화책 주신다
ㅎㅎ 신 났다

집에 오신 우리 엄마
가래떡 구워 주신다고
조청 꺼내시네
에라 모르겠다 삼십육 개

해는 넘어가고
배고프고 춥고
집에 들어가면
혼날 건 뻔한 일
짚 가리 속에 숨는다
아버지 또 애꿎은
엄마만 혼내신다

엄마 철없는 막내딸
지금 생각해도 죄송합니다

오지숙

구름 같은 생

인생은 흘러가는
구름 같은 것
돌아보니 황혼이라 말하네

아직은 아니라고
지금은 아니라고
부정하고 도래질 치지만

이미 산 세월이 많은 것을
지금도 흘러가고 있는데
어찌하리오

마음으로만
아직도 청춘이라 하네
이미 청춘은 구름처럼
흘러갔는데

남 탓하지 말자

높은 산에 올라가려면
힘든 고갯길도 넘어야 하고
울퉁불퉁 좁은 길도 걸어가야만
높은 산을 오를 수 있듯이

세상에 쉽고 편한 것은 없습니다
노력해야만 산 정상도 올라갈 수 있고
시원한 바람도 맞으며
멋진 풍경도 볼 수 있듯이
사람도 마찬가지입니다
남을 탓하기 전에 자신을 먼저
돌아보아야 할 것 같습니다

남을 비판하기 전에
자신이 그럴 자격이 있는지
돌아보고 행동해야 할 것 같습니다
나와 생각이 다르다고
그 사람을 비판해서도
안 된다고 생각합니다

우리 모두 만난 인연들이니
서로 이해하며 다독이고
한 세상 멋지게 잘 살아갑시다

오지숙

모두 나의 길

살아온 날도
살아갈 날도
모두 나의 길이 아니던가

지나온 길이 있기에
가야 할 길은 조금 더
행복하고 건강히 걸어가요

잔잔한 호수의 물결처럼
아름답게 피는 계절의 꽃처럼

곱게 곱게 한세상 살아가요

봄

봄의 노랫소리가 들린다
엄동설한 움츠린 봄
방긋이 고개 내미네

이렇게 또 계절은 오가고
훈훈한 훈풍 바람이
봄 향기를 듬뿍 안고
우리 마음으로 찾아오고 있어요

기암절벽에 매달린 폭포수 고드름도
봄소식에 사르르
은빛 물방울로 반짝이고
눈 부신 햇살과 함께
봄 마중 가요

오지숙

운명과 동행자

만나고 헤어짐은 운명이다
날 곱게 사랑으로 보듬고
길러주신 부모님도
내 손 잡고 뒷산 올라가
아카시아꽃 따먹고 놀던
다정한 친구도

운명이란 그것이 다가오면
헤어지기 싫어도 내 곁에서
멀어져 가고

우리네 인생사에서 영원한 것은 없다
현재 내 주위 내 곁에 있는 사람이
가장 소중한 삶의 동행자다

우리의 노년

우리 노년
예쁜 빛으로 물들어가요

이마의 주름살은
삶의 흔적이고

목에 주름살은
삶의 나이테요

거친 손은 살아온 날이니까
우리 흔들리지 말고
예쁜 빛깔로 노년을
곱게 곱게 익어가요

오지숙

삶

창밖의 햇살에
나를 비추어 본다

세상 근심 걱정 없는
사람 어디에 있겠소

모든 것은
시간이 지나면
사라질 뿐이오

그리움도
아픈 생채기도
한 움큼씩 세월에 버무려 삼켜놓고
먼 미래를 위해 바라본다

저 멀리에서
행복이란 놈이
배시시 웃으며 다가오네요

오늘과 내일

오늘이라는 날은
생을 사는 날이고
내일이라는 날은
생이 살아 있을 때까지
기대하는 날이다

서둘지도 않으리다
흐르는 냇물처럼
쉬엄쉬엄 흘러가다가
돌부리 부딪히면 돌아가고
나무뿌리 만나면
한 줌에 물 주고 흘러가리다

이제 남은 삶
서둘지도 않고
조용히 물결처럼
그리 사르리다

오지숙

생각난다

뿌리가 물을 찾듯이
그 사람이 보고 싶다

너의 마음과
내 마음이
같겠냐마는

그래도 자꾸만
보고 싶고 생각난다

먼 곳에서 바라보나
알 길은 없지만

간절한 마음으로
전 하네 보고 싶다고

사람 가면 놀이

가면을 쓰고 말하지만
사람에 거짓말과
행동은 나무만치도
못한 인성이 보인다

태풍이 불어와
흔들어도
잘 자란 나무는
가지만 내주지
몸은 그 자리를 지키고

잘 못 자란 나무는
뿌리째 뽑힌다

오지숙

생각

설원을 걸으며
이 생각 저 생각으로
지난 일을 뒤돌아봅니다

살다 보니 버리고 놓친
일들이 너무나도 많았다는
생각이 듭니다

인간관계도 균형이
필요하듯이 때에 따라서는
망설이지 말고 용기를 내며
교만하지도 말아야 하겠습니다

낮은 자세로 살며
나보다 남을 더 배려하는
맑은 눈으로 바라보며
살아가야만 끝이 아름다울 것이라
생각이 듭니다

삶에 길은 너무 어렵고
무겁지만 좌절하지 않고
묵묵히 걸어가 봅니다

가다 보면 행복도 새로운
미래도 다 기다리고 있겠지요
끝은 언제나 행복할 것입니다

오지숙

보고 싶은 사람아

내 곁에서 너는 떠나갔지만
너와 놀던 시절 참 재미났고 행복했다

오늘처럼 눈이 내리는 날이면
그 기억 속으로 난 들어가 본다

그렇게 예쁜 추억을 만들어 놓고
넌 떠나갔지만 외롭고 힘들 때마다
난 추억 속으로 들어가 본다

눈이 내리는 날이면
양은그릇에 설탕물 타서
눈 속에 묻어 놓고
꽁꽁 언 얼음을 망치로 깨서
얼음과자다 좋아하며 먹었지

저녁에 혼나는 것은
언제나 너의 몫이었지

언니야 오늘처럼 눈이 오는 날이면
언니야 니 생각 많이 나는구나
보고 싶다

청국장

김장김치 잘 익은 것
청국장 넣고 끓이니
어머님 생각이 난다

냄새와 맛이 다른 청국장
온 집안을 엄마의 흔적처럼
냄새로 알리고

그 맛을 모르는
아이들은 코를 막지만

난 그래도 엄마 냄새가 나는
청국장이 참 좋다

식탁에 청국장 보글보글 끓고
한입 두 입 먹으면서
엄마 생각이 난다

오지숙

나의 마음

여행 중에 본 밤하늘
고즈넉한 저녁에 본 밤하늘
못별을 세어본다

하나둘 셋 어여쁜 빛으로
나를 내려다 보네

별아
너희는 나처럼
외롭다 말하지 말라
허공에 소리 내
무심한 바람에 실려 보낸다

저 별들은 알까
나의 마음을
허공을 내달리는
찬바람만이 내 마음 알리라

사람의 속내

어떤 사람이든 장단점은 있습니다
자신을 모르고 남을 모함하는
사람은 참 어리석은 사람입니다

그 사람의 지니고 있는 성품도 모르고
자기의 생각으로 남을 모략하고
이간질하는 사람은
너무 안이한 생각으로 사는 것입니다

본인은 어떤 행동을 하는지 모르고
남만 탓하는 사람은
이제부터 자기 모습과
마음을 들여다보세요
정말 잘살고 있는 생인가 말입니다

오지숙

그 시절 남산

하늘 아래 우뚝 솟은 산
역사의 아픈 사연
묵묵히 품고

오십여 년 전
붉은 장미 보이던
향기에 취하고
사랑에 취한 명소

반짝 빛나는 구두
팔각정 오르락내리락
가쁜 숨 쉬며 걷던 길

울창한 숲은
예전 그대로이건만

옛 고개 흐르는 시절
젊은 날 멋진 추억만 남았네

숭고한 남산

안으로
굽은 팔은
서로를 이해하며

사랑의
따뜻한 정
다 안는 저 소나무

이 세상
살아가라는
조물주의 처세술

오지숙

이별과 사랑

불꽃인들 그 사랑을
태울 수 있었을까

한여름 소나비인들
그 사랑을 씻길 수 있었겠나

그렇게도 애틋한
사랑도 떠나고 나니
기억 속에만 남고

세월이 흐르면 못
잊는 것도 없고
영원한 것은 오직
희미한 기억뿐이더라

사라진다

이렇게 아름다운 꽃도
잘 자란 멋진 당산나무도
때가 되면 고사하고

천만년 살 것 같은
사람도 마음뿐이지
언제인가는 자연스럽게
그 길로 간다

때가 되면 태어난 것들은
모두가 흔적 없이 사라지고
단지 살아 있는 사람들
기억 속에만 남아 있을 뿐이다

오지숙

무지갯빛 사랑

한여름 소나기
내린 후에
무지개 피어나듯이

사랑하는 사람아
우리 그렇게 살아요

그대는 빛이 되고
난 무지개 되어

곱게 행복하게 살아요
그대와 내가 늘 함께하며

욕심 없는 사랑으로
행복하게 우리
다독이며 살아요

짧든 길든

짧든 길든 인생은 희로애락이다
세월에 다툼 없이 고요히
또한, 바람처럼 따사로운 햇볕처럼

세월은 다툼없이 흘러가누나
나 또한 그 세월 속에
한 사람 되어 흘러가네

흰 구름 뜬구름 사이로
조용히 흘러가네
어제와 오늘이 다르듯이 말이오

오지숙

임 생각에

보고 싶다 그립다고
소리 내지도 못하고
울지도 못하고
허공에 독백하네

어느 곳에서든
나의 임이여
날 늘 지켜 주시려 무나

내일은 갑사와 동학사를
다녀오려 합니다

우리 신혼여행 간 곳
그때처럼 둘이 가면 좋으련만
임은 가고 없고
혼자 옛 추억 생각하면서
그때처럼 둘이서 걷는다는
마음으로 거닐고 오리다

삶과 생

인생은 잡아도 흘러가는 것이니
조급히 생각하지 않으렵니다

부여잡고 매달려댈 일도 아니고
세월 가는 대로
놔두고 살렵니다

인생살이가 어디
마음먹은 것처럼 되는지요
욕심 없고 투정 없는
자연처럼 사르렵니다

오지숙

4부. 임아

임아, 설마 사랑했던
그날들까지 잊은 것은 아닌지요
너무 먼 곳이라
나의 목소리가 안 들리는지요

임아 중

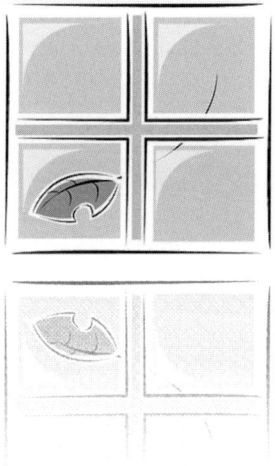

임아

임아, 그냥 불러봅니다
대답하는 이 없으니
더욱 큰 소리로 불러 봅니다

임아, 설마 사랑했던
그날들까지 잊은 것은 아닌지요
너무 먼 곳이라
나의 목소리가 안 들리는지요

눈아, 흰 눈아, 너만
내려오지 말고
내 임의 옷자락이라도 잡고
내려오려무나

천진난만

그 시절 그립다
소녀 시절로 돌아가고파라
어린 시절 천하에 부러움 없는
천진난만이란 것이 있었다

그때는 무엇을 생각했을까
무엇을 바라보았을까
세상 어두운 곳 모르고
밝은 날만 있는 줄 알고 살았던 소녀 시절

굴러가는 쇠똥구리
사슴벌레만 보아도 까르르 웃던 시절
아련한 그 시절 참 그립다

오지숙

감자

이맘때 감자를 캔다
어느 날 엄마가 감자 박스에 담아
수저로 감자 껍질 까자고 하신다

이게 웬 날벼락 떨어지는 소리
난 정말 싫었다 두말할 것도 없이
엄마 나 배아파 뒤 대문으로 튄다

아버지 정자나무 그늘에서
장기 두시는 곳으로 후닥닥 뛰어가
정자나무에 올라가
매미처럼 노래를 부르며
집 굴뚝을 쳐다본다

연기가 안 날 때
아, 감자 다 쪄졌구나 알고
매미처럼 부르던 노래 멈추고
얼굴은 나뭇잎 사이에 감추고 기다린다
조금 후 옥수수 감자 오이지 물김치
쟁반에 담아 들고 오신다 엄마

아버지께 드리고 "막내 못 봤소"
뻔히 아시면서 한마디 하시고 가신다
난 심장이 두근두근 후 이제 됐다

막내야 내려와 어서 먹으란다
아버지께 가지고 온 옥수수 잘 여문 것

집에서 먹는 옥수수는 그저 그렇다
알맹이가 듬성듬성

왜 그리 말을 안 듣고
꾀만 부렸는지 모르겠다

오지숙

막걸리

모내기 끝내고 논 김맬 때
날씨는 덥고 손님이라도
오시면 술을 사러 가야 한다

그 시절에는 집에서 술을
담그는 것을 법으로
금지하던 때다

심부름꾼은 막내인 나다
막내야 막걸리 좀 사 오너라
난 공짜는 없다
심부름 값 이십 환 받고

얼씨구나 하고 주전자 들고 뛰어간다
목적은 술 심부름 보다
얼음과자 사 먹는 것이 더 중요했다

집으로 올 때는 손에 쥔
얼음과자 녹을까 봐 또 뛰어온다

뜀박질할 때마다
주전자 꼭지에서 찔끔찔끔
한 사발은 길에 흘리며 온다

엄마 주전자에 담긴 막걸리
보시고 놀라 신다
아니 막걸리가 왜 반 주전자냐

우리 엄마 한마디 하시며
으그 천천히 오지 또 뛰었군
길도 막걸리 먹고 취했겠다

모심은 논을 보니 유년 시절
생각이 납니다

오지숙

친구의 손

친구여 다가올 우리의
노년도 지금처럼 그리 살아요

서로의 애증으로 보듬고
지금처럼 활짝 웃는 모습으로
늘 반갑게 손잡고
아프지 말고 우리 살아가요

한없는 외로움도
친구여 그대가 있어
마음을 기댈 수 있고
서로의 마음을 헤아릴 수 있으니

친구여 우리 잡은 손 놓지 말고
해 맑은 웃음으로
우리의 노년도 예쁘게 함께 가요

잡초

바람이 실어다 주는 곳에
뿌리를 내리고

이 손 저 손에 쥐어뜯기고
캐내도 생명력 하나는 끈질긴 잡초

사람에 눈길도 사랑도
받지 못하지만
한 줌에 흙만 있으면
돌 틈 사이에도 뿌리를 내리고

날 잡초라고 부르지만
어느 곳이든 바람이
실어다 주는 그곳에
투정 없이 산다

오지숙

내려놓는 마음

삶에 있어 다 채우고
다 가지려고 하지 않으렵니다

채우고 또 채워도
늘 부족한 생각만
드는 것이 사람에
마음인 것 같습니다

모자란 듯 아쉬운 듯
그리 살아가는 삶이
더욱더 보람차고
행복하지 않을까요

추억의 꽃

아카시아 꽃이
흐드러지게 핀 어느 날
꽃향기 따라 거닐며
유년 시절 생각이 납니다

아카시아 꽃 따서 먹던
옛 생각에 꽃송이 하나 따 씹으니
그때나 지금이나
달콤한 향 내음도 똑같은데

손잡고 놀던 내 동무들은
다 어디에 살고 있는지
꽃은 예전과 다름없이
곱게 피고 있건만
보고 싶어 하는 나의 마음 알까

오지숙

사필귀정

남의 말 함부로 하고
무엇을 얻을까
보이지 않는 시기와
질투는 해서 무엇하겠나
아부하고 착한척하며

속으로는 자기가 뜻한바
이루려 하지만
시간이 지나면 그런 사람
마음 다 안다

준 만큼 받는 것이
세상 이치인데

수취인 없는 엽서

북한산 자락에서 띄워 보낸다

말간 하늘에 봄 햇살 담아
보고 싶다고 자꾸만 보고 싶다고

수취인 없는
엽서 한 장 띄워 보내네

북한산 자락에서

오지숙

노년에 삶

지나간 일에 연연하지도
말고 아파하지 마라
그리워하지도 말고
가슴에 모아두면 탈이 난다

아까운 시간이니
슬픔도 미움도 버리고
마음을 다스리며 살자

원망도 그리움도 다 버려라
내가 행복해야만
세상도 아름답게 보인다

자연과 어울리며
친구도 많이 만나라
움켜잡아도 가는 세월

이제 남은 노년에 삶은
스스로 즐기며
즐길 줄 알아야
삶이 행복할 것입니다

그날

찬바람 옷깃 스치던 그 날
미련이 남아 갔건만
싸늘한 찬바람 되어 날 휘감더라

그 바람이 너무 매서워
아무 말도 못 하고 강가에 앉아
망각에 시간을 가져 보네

잊는 것도 버리는 것도
모든 것이 나에게 몫이니

받은 상처도 또 준 상처도
흐르는 강물에 흘려보내리라
이렇게 맑고 고운 물결에
마음 씻고 흘려보내니

잠시 머물러던 이 자리가
아주 고맙고 감사한 생각뿐이네

오지숙

삶의 소중함

우리 인생 삶은 누구나
불투명 속에서 살아간다

내일을 은근히 기대하며
그러나 기대로 끝나기 쉽다

오늘 이 순간만이
나에게 주어진 날이다
내가 살아 있는 것만으로도
행복한 줄 알아야 하고
나에게 주어진 오늘이
참 소중하다고 생각하며
살아가야 한다

삶에 마지막 날처럼
오늘을 다독이며
인내하고 용서하고
작은 마음이나마 넓게 펼치며
맑은 마음가짐으로
내 생을 응원하며
최선을 다하며 살아보자

철없는 열 살

산비탈 고갯길 녹슨
자전거 힘차게
바퀴 돌리며 소리 지르네
아이스케키

한 여름날 그 얼음과자는
표현할 수 없는 최고의 맛이다

어른들은 논으로 밭으로
일하러 가시고
먹고 싶은데 돈은 없고

눈에 들어온 아버지
흰 고무신 두 켤레 중
서슴없이 한 켤레
케키장사 주고
두 개의 아이스케키
참 꿀맛이다

집에 오신 부모님
씻으시며 고무신 가져오라신다
헌 고무신 이미 케키장사 주었는데

오지숙

친구

깊은 바닷물도 홀로
흘러가는 것은 아니다

흘러가다가 만나는
나무와 새가 사는 섬
친구가 있지 않은가

나도 그렇다
내 옆에는 좋은
친구들이 많이 있어
너무 행복하다

인생 여행

좋은 한 사람 만나
윤회의 소풍 길로 떠난다

둘이 마주 보며 한세상
알콩달콩 살자고
깊은 인연 맺었지

내일도 모르면서
설렘으로 떠난 인생길
아주 행복하지 않았던가

이제 남은 인생 여행은
예쁜 보물들 보듬고 알콩달콩 한세상
행복하게 살다 가리다

오지숙

종이배

유유히 흐르는 강물에
조금만 한 종이배 하나 띄우네
종이배에는 사랑과 행복을
가득 담아 띄워 보낸다

강물아 강물아
흘러 흘러가다가
보고 싶은 내임 만나면
전해 주거라

이 마음

지금, 이 마음처럼
흔들리지 말고
곱게 곱게 한세상
꽃피우며 살아가요

서로가 많은 것
바라지 말고
의지하며 설령 언짢은
일이 있더라도
서로 보듬고 미소 띤
얼굴로 마주 보며 살아요

이제 남은 삶은 아낌없이
사랑하고 후회 없는 날들로
흔들리지 말고
지금, 이 마음으로 살아가요

오지숙

사람

사람아, 우리 모두
이 세상과 인연있어
만난 것 안이던가
어디에서 어떻게 만났던
서로 배려하며 살자

사람아, 이왕 만난 인연들이니
서로 베풀며 살아가자
세상에 내 것은 하나도 없는 것
내가 살아 있을 때 필요한 것뿐
어느 날 이별이 올 때는
다 버리고 갈 것인데

사람아, 많은 욕심 내지 말고
이왕 온 좋은 세상이니
바다 같은 마음으로
어우렁더우렁 어울리며
우리 모두 평온한 삶으로
살아갑시다

한세상

내가 결정해서 온 생은 아니지만
이왕 온 세상 아니던가

때론 울고도 싶고
어디론가 훨훨 날아가고
싶다는 생각도 들 때가 있지만

살면서 날이 날마다
좋은 날만 있다면
아마 조물주가 눈물샘은 안 만들었겠지
울기도 하고 웃기도 하라고
세상 태어날 때 정해져
나오지 않았나

살아 보니 인생사가
그리 쉽지만은 않지만
때가 되니 힘든 일도 다 지나가더라

지나가고 나니 세상에 온 것이
너무 행복하고 즐겁기만 하네
그리하여 한세상 사는 것이 아니던가

오지숙

엉겅퀴 꽃

어느 날 바람 타고
음성 휴게소에서 날아와

해마다 잘도 핀다
많은 사연 속에 묻어
우리 집까지 날아왔구나

예쁜 만큼 가시도
많은 꽃 어찌 보면
꼭 널 닮은 꽃

매정하고 차갑고
누가 꺾을까 봐
온몸에 가시로
무장한 엉겅퀴

바람에 실려와
우리 집 뜨락에 참
예쁘게도 피었네

가슴에 담지 말아요

사랑이 떠나가고 이별이 왔다고
슬퍼하지 말고 그 조금만 한
가슴에 묻어 놓고 애태우지 말고
활짝 열어봐요

그럼 안 보이던 것도 보이고
생각도 달라져요
인연도 필연도 아닌 것에
매달리지 마세요

시간이 지나고 세월이 흐르면
생채기도 아물고 기억에서도 사라질 뿐
살면서 기억 속에 담을 일이 얼마나 많은가

물은 우연히 흐르는 것이 아니고
고이면 썩으니 흘러가는 것입니다
굳이 담지 말아야 할 기억을
무엇 하려 담으려 하는지

답답하고 힘들 때 잠깐씩 쉬며
조금만 한 가슴을 활짝 열고
힘차게 밀고 나가 봐요

오지숙

창작동네 시인선 187

내 안의 삶

인 쇄 : 초판인쇄 2024년 11월 05일
지은이 : 오지숙
펴낸이 : 윤기영
편집장 : 정설연
펴낸곳 : 노트북 출판사_ 등록 : 제 305-2012-000048호
본 사 : 서울시 동대문구 사가정로 256-4호 나동B101
전 화 : 070-8887-8233 팩시밀리 02-844-5756 HP : 010-8263-8233
이메일 : hdpoem55@hanmail.net
판 형 : 신한국판형 P128 130-210

2024. 11_내 안의 삶_오지숙 제1집

정 가 : 10.000원

ISBN : 979-11-88856-89-3-03810

*저자와의 협의로 인지는 생략합니다.
*잘못된 책은 교환해 드립니다.